Dieses SchneiderBuch gehört

Geschenkt von

Als Überraschung:
Eine Wundertüte
Du findest sie ganz hinten im Buch

Max Kruse

Du bist schon 7

Das bunte Geschenkbuch

ILLUSTRIERT VON ERICH HÖLLE

Schneider-Buch

Inhalt

Guten Tag,
ich bin der kleine graue Esel.
Ich bin dein ganz persönliches

Glückstierchen

Ich begleite dich durch dieses Buch.

Nun sag bloß nicht: „Ach, ein Esel!
Na, niedlich sind sie ja,
aber so dumm!"

Das ist nämlich gar nicht wahr.
Wir Esel sind unheimlich gescheit,
denn wir lassen uns nicht alles gefallen.
Und oft haben wir unseren eigenen Kopf.
Trotzdem sind wir unendlich geduldig.
Wir traben unermüdlich
und schleppen die größten Lasten.
Wir können sehr weit laufen;
uns wird so leicht
nichts zuviel.
Und manchmal
sind wir richtig vergnügt.
Dann rufen wir laut in den Tag
und lachen euch an.

iiaaaa iiaaaa

All diese Eigenschaften
hast sicher auch du.
Deshalb also...
Fast auf jeder Seite findest du
mich wieder.
Manchmal bin ich so versteckt,
daß du mich suchen mußt.
Ich erzähle dir all die Geschichten
und schnaube dir Gedichte ins Ohr.
Dabei streichle ich ganz zart deine
Wange.
Ich gebe dir Rätsel zum Knacken auf,
und vor allem:

Ich bin bei dir.

2 9131-8

Aber erst bist du an der Reihe.

Das bist du

Hier kannst du alles reinschreiben oder ankreuzen, was auf dich zutrifft.

Ich heiße Catharina Bandel

Ich bin ein Mädchen ☒
Ich bin ein Junge ☐

Meine Haare sind
- goldblond ☐
- bräunlich ☒
- braun ☐
- schwarz ☐
- rot ☐
- weißblond ☐

Meine Augen sind
- grau ☐
- blau ☐
- braun ☒
- grün ☐

Ich habe oben 12 Zähne
Ich habe unten 12 Zähne
Ich putze meine Zähne am Tag 2 mal
Ich habe schon 12 Milchzähne verloren

Ich bin 40 Kilo schwer
Ich bin 1,50 Zentimeter groß

Mein linker großer Zeh ist 5 Zentimeter lang
Mein linker Daumen ist 5 Zentimeter lang

Ich habe Sommersprossen Ja/Nein
Ich trage eine Brille Ja/Nein

Ich wohne

auf dem Land ☒
in einem Dorf ☒
in einer kleinen Stadt □
in einer großen Stadt □

Ich wohne

am Meer □
an einem Fluß □
an einem See □
in Wiesen und Wäldern ☒
zwischen lauter Häusern ☒
im Gebirge □
auf einer Insel □

Ich wohne

in einem Einfamilienhaus ☒
in einem Mehrfamilienhaus □
in einem Hochhaus □
in einem Reihenhaus □
in einem Bauernhaus □

Ich habe immer einen Bärenhunger ☐
Ich esse immer wie ein Spatz ☒

Ich trinke gern
- Milch ☐
- Kakao ☐
- Saft ☒
- Wasser ☒
- Limo ☒

Mein Leibgericht heißt: Waffeln

Zur Schule komme ich
- zu Fuß ☒
- mit der Straßenbahn ☐
- mit dem Fahrrad ☐
- mit dem Bus ☐
- mit dem Pony ☐
- mit dem Schiff ☐
- mit dem Auto ☐

Zur Schule gehe ich gerne ☒
Zur Schule gehe ich nicht gerne ☐
Die Schule ist mir egal ☐

Mein Lieblingsfach ist Sport, Musik

Ich bin

ordentlich ☐
schlampig ☐
fast ordentlich ☒
sehr schlampig ☐

Wenn meine Eltern mit mir schimpfen,
dann werde ich

rot vor Wut ☒
grün vor Ärger ☐
blaß vor Traurigkeit ☐
kariert vor Übermut ☐

Meine Lieblingsfarbe ist schwarz, blau, lil

Meine Lieblingsblume ist ______

Ich habe 3 Jacken
Ich habe 7 Hosen
Ich habe viel Kleider
Ich habe ____ Röcke
Ich habe ____ Schuhe
Ich habe ____ Strümpfe
Ich habe ____ Mäntel
Ich habe ____ Pullover
Ich habe ____ Mützen

Am liebsten trage ich Jeans, T-Shirt's

Meine besten Freunde heißen

Lisa, Leonie, Katharina
Anton, Julian, Micha
Alina

Am liebsten spiele ich ?

Mein Lieblingssport ist reiten

Jeden Morgen stehe ich um 6.30 Uhr auf
Jeden Abend gehe ich um 21.00 Uhr ins Bett

Das ist mein

Lied

nur für dich allein.
Du kannst nach der Melodie von:
„Ein Männlein steht im Walde...“
sofort mitsingen.

Muß ich am Morgen aufstehn,
bin ich ganz stumm.
Dreh mich in meinem Bette
noch mal herum.
Zieh die Decke übers Ohr,
gucke nicht daraus hervor,
hör den Vater draußen
im Korridor.

Ach, er läßt mich einfach
nicht länger ruhn.
Aufstehn soll ich schleunigst
und auch was tun:
Schlafen darf ich nicht bis zehn,
soll nun in die Schule gehn,
ach, ich will mich lieber
im Bettchen drehn.

Dann stehe ich am Becken
mit Schlaf-Gesicht.
So eiskalt ist das Wasser,
das mag ich nicht.
Mama sagt, das ist gesund,
ach, vielleicht für meinen Hund,
aber nicht für meinen
Kindermund!

Die Ohren soll ich waschen;
muß das denn sein?
Sie sind doch beide sauber
so hübsch und fein.
Doch zieh ich mich endlich an,
ist das Schlimmste auch getan.
Dann schlemme ich mein Frühstück
vom Porzellan.

Muß ich am Morgen aufstehn,
bin ich erst stumm.
Dreh mich in meinen Kissen
noch mal herum.
Doch bin ich erst aus dem Bett,
find ich alles wieder nett,
singe mit mir selber
dies als Duett!

Das ganze noch mal
von vorne, mit Mama oder Papa zu singen.

3 9131-8

Dies ist meine

Esel-Geschichte

für dich.
Sie handelt von Heiner
und seinem kleinen Asinus.

Der Heiner hatte einen kleinen Esel. Der Esel war grau, nur am Bauch war er fast weiß. Das struppige Fell bildete ein dunkles Kreuz. Draußen auf der Wiese beim Haus durfte der Esel weiden. Da stand er mit seinen zierlichen Fesseln und rupfte die Halme aus. Manchmal schaute er aus tiefdunklen Augen rätselvoll in die Landschaft. Wenn es regnete, schlüpfte er unter das für ihn gebaute Dach und stand dort bewegungslos mit gesenktem Kopf. Nur seine Augen schimmerten.

Und immer wieder, in regelmäßigen Abständen, hob er den Kopf, öffnete das Maul ein wenig und begann zu schreien.

Für denjenigen, der ihn nicht kannte, klang das grauenhaft, als würde gerade etwas Schreckliches geschehen. Für Heiner aber war es wie ein freundlicher Gruß – wenn er gerade vor seinen Hausaufgaben saß oder in der Küche helfen mußte. Er wußte genau, sein grauer Freund war sehr vergnügt.

Heiners Vater hatte das Tier Asinus getauft. Das bedeutet „Esel“ in einer Sprache, die früher mal gesprochen wurde. Damals, als die Esel noch überall als Reittiere und Lasttiere benutzt wurden, weil es noch keine Autos gab.
Obwohl Heiner schon 7 Jahre alt war, gelang es ihm nur selten, seinem Asinus den Sattel aufzulegen. Das mochte der Graue überhaupt nicht. Er bockte, kobolzte, trabte davon oder schlug aus. Wenn man dabei allerdings in seine blitzenden Augen sah, merkte man, daß es ihm Spaß machte, mit Heiner herumzutoben. Meistens mußte dann der Vater kommen, um Asinus das Zaumzeug über den Kopf zu ziehen. Da tat der kleine Graue lammfromm. Er ließ den Heiner aufsitzen. Dann tänzelte er auf seinen winzigen Hufen herum und spielte mit dem Schwanz.

Nun konnte Heiner ausreiten. Sie trabten über die Wiesen in den nahegelegenen Wald. Meist trotteten sie ruhig dahin, über weichen Boden, durch Laub, Farnkräuter und niedrige Sträucher, das mochten sie beide am liebsten.

Wehe aber, wenn Heiner umdrehte und heim wollte. Dann dachte Asinus an seinen Stall, fiel in Trab und galoppierte bald darauf. Da mußte Heiner höllisch aufpassen, daß er nicht herunterfiel. Er wurde auf dem Sattel auf und ab geschleudert wie ein Gummiball.

Hui, das machte Spaß! Heiner hielt sich am Sattelgriff fest. Er stemmte sich in die Steigbügel. Je näher sie dem Haus in der Wiese kamen, desto schneller sauste Asinus. Fast so schnell wie der Wind.

Manchmal mußte der Heiner seinen Asinus auch zum Schmied ins Dorf bringen. Der mußte dem Esel die Hufe beschneiden, denn er trug keine Hufeisen. Auf diesen Ausflug freute sich Heiner immer sehr.

Es war eine Schmiede wie aus dem Märchenbuch, in einem alten, niedrigen Haus unten am Fluß, wo es viel zu sehen gab. Das Wasser rauschte und gurgelte unter der alten Brücke hindurch. Es raunte Heiner Geschichten zu und malte immer neue Bilder auf der glitzernden Oberfläche. Manchmal kamen auch Flößer vorbei.
Viel Lärm gab es in der Schmiede, die Pferde schnaubten. Der Schmied beschlug die kräftigen Gäule der Brauerei mit neuen Hufeisen. Das Feuer loderte, und der Hammer sang sein metallenes Lied.
Kam Asinus an die Reihe, war er lammfromm. Er wußte, daß er nichts gegen den Schmied ausrichten konnte. Und außerdem ließ er sich die Beine vielleicht gern nach hinten heben und das Horn der Hufe ringsum beschneiden.
Ganz zufrieden trottete Asinus dann hinter Heiner heim, über das Steinpflaster. Jetzt hatte er wieder saubere, wohlgeformte Hufe. Sie sahen nicht mehr aus wie ausgelatschte Pantoffeln.
Sein Rücken wippte. Und manchmal stupste er Heiner mit seiner weichen Schnauze an, als ob er sagen wollte: „Na, wir zwei – eigentlich vertragen wir beide uns sehr gut!"
Das fand Heiner auch. Er hatte seinen kleinen, frechen, grauen Esel sehr lieb.

Quatsch ist schön

Der Pinguin trinkt heißen Tee,
so kühlt er sich den kleinen Zeh,

Der Seehund schaut die Zeitung an,
das hat er immer gern getan,

hahaha

Der Bäcker knetet Teig im Frack,
Der Schutzmann trägt den Dieb im Sack,

Der Vogel Strauß kocht Spiegelei,
Am Abend ist die Nacht vorbei.

hi hi

Verschlafener Vormittag

Es gibt Tage, da ist alles verkehrt. Du schlägst die Augen auf und weißt: Du brauchst heute ganz viel Tiez.

Am Morgen trinkst du Oakak, ißt dazu eine Scheibe Torb, beschmierst sie mit Rettub und Ginoh, kaust mit den Nenhäz, packst dann deine Eppam mit den Nrechüb, saust in die Elusch, setzt dich in die Knab, tobst mit deinen Nednuerf herum, sagst später: „Netug Negrom, Rreh Rerhel!“ Und wenn er dich fragt: „Was soll der Unsinn?“ antwortest du schnell: O Verzeihung, es ist mir nur so tschturegsuareh!!“

Hoppla, was ist denn hier geschehen?

4 9131-8

Hier sind zwei

Zaubertricks

extra für dich. Damit du deine Freunde mal so richtig verblüffen kannst.

Wie man eine Münze befreit

Du brauchst zu diesem Trick zwei Bieruntersetzer, ein leeres Wasserglas und eine Münze. Schau dir die Zeichnungen genau an. Sie zeigen, wie du deinen Trick aufbauen mußt.

Die Bieruntersetzer gehören so auf den Tisch, daß ein Zwischenraum bleibt, der etwas kleiner ist als der obere Rand des Wasserglases. In die Mitte, zwischen die beiden, legst du die Münze. Und du stellst das Wasserglas kopfüber auf die beiden Bierdeckelränder. Nun kannst du zu Recht behaupten, daß du die Münze unter dem Glas hervorzaubern kannst, ohne sie zu berühren. Niemand wird dir glauben. Aber es geht. Klar, du hast nämlich den ganzen Trick auf einer Tischdecke aufgebaut. Wenn du nun vor der Münze an der Tischdecke kratzt, setzt sich die Münze in Bewegung und kommt anmarschiert – wie ein Eselchen, das du rufst.

Wie eine Münze verschwindet

Mit derselben Münze, einem anderen Glas und einem tollen Zauberspruch kannst du deine Münze vor den Augen deiner Zuschauer verschwinden lassen.
Du hast deine Münze auf einem weißen Blatt Papier liegen, und daneben steht das umgedrehte Glas. Nun sprichst du „Simsalabim“ und noch einiges mehr und setzt das Glas auf die Münze. Sofort ist sie verschwunden. Du sagst wieder „Simsalabim“, rollst die Augen und wedelst mit den Armen, hebst das Glas weg, und sofort ist die Münze wieder da.

Wie das geht? Du hast vorher die Öffnung des Glases mit dem gleichen weißen Papier zugeklebt und den Rand sehr sauber abgeschnitten. Geschickt wie du bist, brauchst du nur noch darauf aufzupassen, daß du das Glas niemals mit der zugeklebten Öffnung nach oben zeigen läßt und immer auf das weiße Papier stellst.

Probier es vorher ein paarmal aus. Genau wie ein richtiger Zauberkünstler...

Weißt du schon…

Du kannst dichten

Findest du die Reime, die hier fehlen? Versuch es mal, und schreib die richtigen Wörter da rein, wo die Pünktchen sind. Wenn dir mal ein Reimwort fehlt, dann nimm einen kleinen Spiegel und schau unten bei den Lösungen nach.

Man kuscht im Bett sich in die Decke.
Ganz langsam kriecht voran die … Schnecke

Frei in der Steppe schweift der Löwe,
hoch in den Lüften kreist die … Möwe

Ein Mensch wohnt gern im eignen Haus.
An Speck und Käse nagt die ...

Besonders scheu ist wohl der Luchs,
doch fast noch scheuer ist der ...

Auf Rasenflächen spielt man Golf.
Ein wildes Raubtier ist der ...

Ein Bauern-Wohnraum ist ein Pesel.
Auf gar nichts sonst reimt sich der ...

Lösungen:

Schnecke, Möwe, Maus, Fuchs,
Wolf, Esel

Dies ist mein

Spiel

für dich.
Es heißt: **Der König von Saba.**

Es ist eines der lustigsten, die ich kenne, obwohl es dabei sehr traurig und kummervoll zugeht. So lange jedenfalls, bis sich einer der Mitspieler nicht mehr halten kann und losprustet.
Man braucht dazu zwei Kerzen, einen Kassettenrecorder, und, wenn man möchte, ein paar Tücher, die man sich würdevoll um Kopf und Schultern legt. Je mehr Leute mitspielen, desto lustiger ist es.

Leise, traurige Musik ertönt. Zwei Spieler stellen sich in den schräg gegenüberliegenden Zimmerecken auf. Jeder von ihnen hält eine brennende Kerze in der Hand. Auf ein Zeichen des vorher bestimmten Spielführers gehen sie langsam aufeinander zu. Sie schreiten würdevoll und gemessen – eben sehr traurig.

Ungefähr drei Schritte voneinander bleiben sie stehen. Der erste verbeugt sich, sieht den anderen an und sagt mit tieftrauriger Stimme: „Die Königin von Saba ist gestorben!"
Darauf verbeugt sich der andere und erwidert: „Der König ist leider auch gestorben."
Das müssen die beiden Mitspieler dreimal wiederholen. Sie müssen sich, während sie sprechen, in die Augen sehen und dürfen keinesfalls lachen. Gleichzeitig sollen sie aber versuchen, durch ihr besonders bekümmertes, jammervolles Aussehen den anderen zum Lachen zu bringen.

5 9131-8

Einer kichert immer zuerst. Dieser scheidet aus und gibt ein Pfand. Nun ist ein anderes Paar an der Reihe. Manchmal spielen zwei ihre Rollen so gut, daß sie ohne zu grinsen oder zu kichern wieder in ihre Ecken zurückkehren. Sie müssen noch einmal von vorn anfangen, diesmal unterstützt von leisen Schluchzlauten des Publikums. Schaffen sie es immer noch, ernst zu bleiben, dann haben beide gewonnen – und treten gegen die Sieger der vorigen Spiele an.

Und nicht vergessen: Wie du ja weißt, sind brennende Kerzen nicht ungefährlich. Da müssen immer die Erwachsenen um Erlaubnis gefragt werden, und es sollte auch einer in der Nähe sein. Vielleicht ist er bereit und übernimmt die Rolle des Spielführers. Falls das nicht möglich ist, solltet ihr lieber statt der Kerzen je eine Blume in der Hand halten.

Ich will dir ein

Märchen

erzählen, das mir immer besonders gut gefallen hat. Es handelt von einem Versprechen. Es ist

die Geschichte vom Rattenfänger

Weißt du, in der schönen Stadt Hameln an der Weser mit ihren spitzgiebeligen Dächern gab es vor vielen, vielen hundert Jahren einmal sehr viele Ratten. Die Leute wurden von ihnen wirklich sehr geplagt und wußten sich keinen Rat.

Da kam ein fahrender Geselle durch die Stadt und versprach, alle Ratten aus der Stadt zu locken. Dafür verlangte er einen Batzen Gold, den ihm die Bürger wohl geben wollten. Sie fanden das zwar sehr viel, aber der Schaden, den die Ratten anrichteten, war doch noch viel größer.

Der Geselle zog nun durch die Stadt und blies auf seiner wundersamen Flöte. Diesen Klängen konnten die Ratten nicht widerstehen. Sie kamen alle aus ihren Schlupflöchern und zogen hinter dem Musikanten her. Das war schon ein gewaltiger Anblick.
Die Bürger wollten ihren Augen nicht trauen und waren überglücklich. Hunderte, ja Tausende, Abertausende von Ratten wuselten in breitem Zug – so breit wie die Straße – hinter dem Flötenbläser her. Und der marschierte zum Fluß, zur Weser, zog seine Schuhe aus und ging in den Strom. Die Tiere folgten ihm blindlings und kamen im Wasser um.
In Hameln aber gab es nicht eine einzige Ratte mehr.

Als der Bursche nun aber seinen wohlverdienten Lohn haben wollte, fingen die Bürger von Hameln an zu handeln und wollten nicht soviel zahlen. Sie behaupteten sogar, ihm überhaupt nichts versprochen zu haben.
Der Geselle tat gleichgültig und verließ die Stadt, ohne einen Lohn für seine Tat genommen zu haben. Da rieben sich die übergescheiten Hamelner die Hände.
Am darauffolgenden Johannistag aber, als alle Erwachsenen in der Kirche waren, erschien der Rattenfänger wieder mit seiner Flöte.
Pfeifend und trällernd zog er durch die Stadt. Aus allen Häusern kamen die Kinder und wanderten hinter ihm her. Sogar die kleine Tochter des Herrn Bürgermeister war dabei.

Und bevor die Leute wieder aus der Kirche heimkehrten, waren alle Kinder mit dem Rattenfänger verschwunden, durch das Stadttor hinaus.

Es hat sie niemand je wiedergesehen, und keiner weiß, wo sie geblieben sind.

Seit jener Zeit nennt man jemanden, der die Kinder mit seinen Liedern, mit seiner Musik oder mit seinen Geschichten so verzaubert, daß sie alles andere vergessen, einen Rattenfänger.

Und das ist mein erstes

Rätsel

für dich:

Hast du schon mal
was gehört
von dem Gast,
der jeden stört?
Oft sitzt er
im Hundefell,
selten auch
im Bettgestell.
Selber ist er nicht
behaart,
doch er liebt den Ziegenbart.
Zierlich, bissig,
hüpfefroh –
dieser Gast,
er heißt
der... Floh

Floh

Sturm im Zoo

Ein heftiger Wirbelsturm hat im Zoo alle Tiere durcheinandergeschüttelt. Da sind die komischsten Tierarten entstanden. Kannst du ihnen helfen und sie wieder in die richtige Ordnung bringen?

der Bise
der Ochbe
das Naser
die Taune
die Hentze
der Reihge
die Raubkasel
die Zieber
der Ehorn
der Elepferd
das Nildil
das Krokotier
das Faulgall

die Nachtistorch
der Klappergans
die Graube
die Schwalbra
das Zefe
der Affant

Lösung: Bi-ber, Och-se, Nas-horn, Tau-be, Hen-ne, Reih-er, Raubka-tze, E-sel, Zie-ge, Ele-fant, Nil-pferd, Kroko-dil, Faul-tier, Nachti-gall, Klapper-storch, Grau-gans, Schwal-be, Ze-bra, Af-fe.

Hier sind noch drei

Rätsel

für dich:

Den Besen hält man in der Hand,
meist ist er klein und elegant.
Zum Fegen ist er gar nichts nütze,
viel eher noch zu süßer Grütze.

Was ist das?

Eine Decke kennt wohl jedermann,
mit der sich keiner wärmen kann.

Was ist das?

Das sinkt vom Himmel
als glitzernder Stern,
sitzt auf dem Bäumchen,
hat die Sonne nicht gern,
denn wenn ihm zu warm wird,
mit leisem Klipp-Klapp,
dann fällt es herab.
Und ist in Sekunden
verschwunden.

Was ist das?

Lösungen: Schneebesen, Zimmerdecke, Schneeflocke

Sicher bastelst du gerne. Hier ist meine

Bastelei

für dich:

Ein lustiges buntes Schatzauto. Oder, wenn du willst, ein Schränkchen für die Puppenstube.
Also, paß auf.
Du sammelst Streichholzschachteln. Mindestens vierundzwanzig Stück. Und du läßt dir zwei leere Klopapierrollen aufheben. Außerdem brauchst du ein Stück Pappe, Klebstoff, einen alten Weinkorken, Schere und Farben.

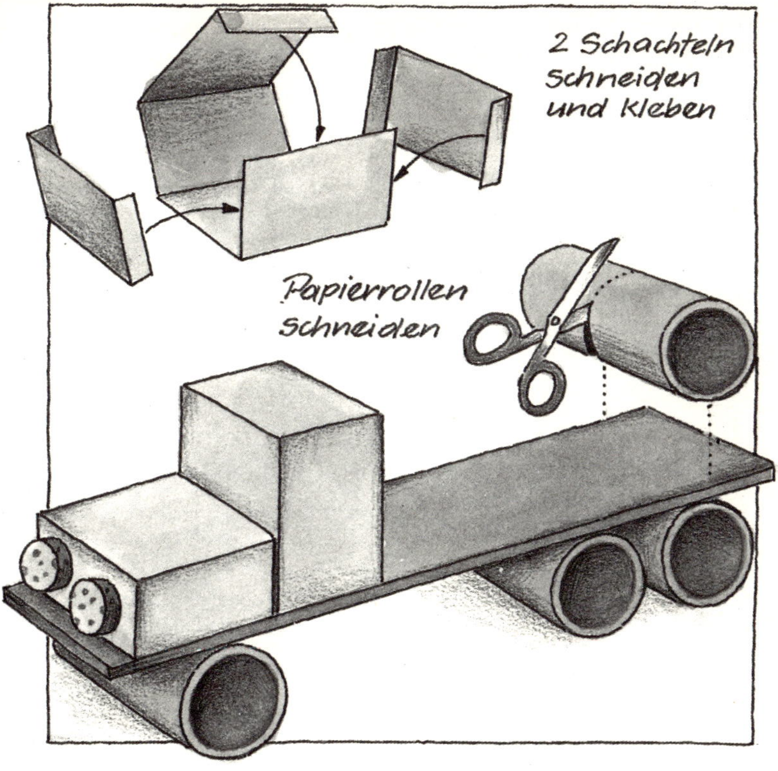

Aus dem Karton klebst du zwei kleine Schachteln, genau wie die Zeichnung zeigt. Sie dürfen nicht breiter als die Streichholzschachteln sein.
Damit sie richtig stabil werden, klebst du sie noch mal auf einem Stück Karton fest. Hast du dich für das Auto entschieden, kommen jetzt die Klorollen darunter und vorne dran zwei Scheiben von einem Korken. Als Scheinwerfer. Nun sieht das Ganze schon aus wie ein

Laster. Auf seine Ladefläche kommen die 24 Streichholzschachteln. Oder auch mehr. Oben drauf klebst du noch ein Stück Karton, damit alles zusammenhält. Wie du dein Superfahrzeug bemalst, kannst du dir selbst ausdenken. Klar, bunt soll dein Auto doch sein!
Willst du ein Schränkchen für die Puppenstube basteln, klebst du einfach Schachtel an Schachtel, bis alle verbraucht sind. Dann bemalst du das Ganze und machst zum Schluß goldene Knöpfchen vorne in die „Schubladen", indem du einfach Versandklammern durch vorgebohrte Löcher schiebst und auseinanderbiegst.

Sollte es bald Weihnachten werden, dann kannst du dein Schatzauto oder dein Kommödchen auch sehr gut als Adventskalender benutzen. Du schreibst die Zahlen von 1–24 auf jede Schachtel vorne drauf. Für jeden Tag ab dem 1. Dezember eine und die 24 besonders schön, das ist ja der Heilige Abend.
Jeden Tag kannst du eine Schachtel aufziehen.
Gefüllt!
Denn sicher haben dir deine Eltern oder liebe Menschen jeweils eine lustige Überraschung hineingelegt.

Hast du Lust, dein eigenes Orangenbäumchen wachsen zu sehen? Hier ist meine

Pflanze

für dich.

Wenn du gerade eine schöne, saftige Apfelsine gegessen hast, kannst du dir drei helle Kerne aufheben. Sie müssen kräftig und gesund aussehen. Säubere sie von den Resten des Orangenfleisches und laß sie an der Luft trocknen, und zwar mindestens eine Woche lang. Wenn sie nicht ganz trocken sind, faulen die Kerne nämlich in der feuchten Erde.

Richtig – du brauchst ein bißchen gute Blumenerde dazu. Die tust du in drei Blumentöpfchen, die du zwei Stunden vorher in Wasser gelegt hast, damit sie nicht gleich alle Feuchtigkeit aus der Erde saugen. Du kannst auch leere Joghurtbecher nehmen – aber denke daran: jeder Behälter muß ein kleines Abflußloch für das Gießwasser haben. Über das Loch legst du eine kleine Scherbe, damit es nicht verstopft, wenn du die Erde einfüllst.

Na, das ist doch wirklich einfach. Genauso einfach geht es weiter: Du drückst die Blumenerde in deinen Töpfchen fest und legst je einen Kern in die Mitte. Darüber streust du noch einmal ungefähr 5 mm Erde und drückst mit den Fingerspitzen darauf. Stelle nun alles ans Licht. Warm möchten es deine Pflänzchen haben, doch direkte Sonnenstrahlen tun ihnen nicht gut.

Wenn du glasklare Plastiktüten über die Töpfchen ziehst und oben verschließt, entstehen richtige kleine Treibhäuser, die man kaum gießen muß.

7 9131-8

Orangenbäumchen mögen es feucht. Nie zu naß und niemals zu trocken. In zwei bis drei Wochen blinzelt das erste Pflänzchen aus der Erde. Willst du ihm einen Namen geben?
Sind die Pflanzen größer geworden, müssen sie in größere Töpfe. Richtige Orangen wirst du vermutlich niemals ernten können, aber ich verspreche dir, du wirst bestimmt viel Freude an den dunkelgrünen Pflanzen haben!

Für Max

Dies ist meine

Schulgeschichte

für dich.

Sie ist vielleicht nicht ganz wahr. Aber lustig wäre es, wenn sie Wirklichkeit werden könnte. Sie handelt von zwei Kindern, die beide ganz genau sieben Jahre alt waren. Wie du.
Es waren Zwillinge. Sie hießen Anton und Toni und hatten beide strohblonde Haare. Das Besondere an ihnen war: Sie konnten fliegen!

In einer warmen Vollmondnacht waren beide plötzlich aus ihrem Traum aufgewacht. Gleichzeitig hatten sie geträumt, sie könnten fliegen, wohin sie wollten. Und weil sie beim Fliegen unsichtbar geworden waren, hatte sie keiner beobachten können. Niemand – im Traum – wußte von ihren außergewöhnlichen Fähigkeiten, denn nur dann, wenn sie wieder festen Boden unter den Füßen gehabt hatten, waren sie wieder sichtbar geworden.

Der Traum von Anton und Toni war so lebendig gewesen, daß die beiden keine Sekunde zögerten, auszuprobieren, wie es in Wirklichkeit um ihre Fliegekünste stand. Und ob du es glaubst oder nicht, von ihrem Zimmerfenster aus schwebten sie gleich darauf in die helle Mondnacht hinaus.
Weil Anton und Toni zwei richtige Lausbuben waren, konnten sie auch dem Schokoladenpudding von Frau Meier, der Nachbarin, nicht widerstehen. Sie flogen einfach in deren offenes Küchenfenster hinein und naschten.

Damals schworen sie sich gegenseitig, nie – niemals jemandem etwas zu verraten. Nicht vom Fliegenkönnen, und nicht vom Unsichtbarwerden.
Am nächsten Morgen mußten sie in die Schule. Die Kinder waren an diesem Tag alle besonders unruhig. Und Fräulein Schnurr, die Lehrerin, war auch sehr nervös. Nur gut, daß es der letzte Schultag vor den Ferien war. Fräulein Schnurr gab den Kindern die Aufgabe, eine Strophe von einem Gedicht zu lernen, das „Üb immer Treu und Redlichkeit“ heißt. Da sind die Kinder wenigstens still, dachte sie.
Aber sie irrte sich gewaltig.
Die Kinder kramten zwar die Bücher hervor, aber sie kicherten und murmelten den Text des Gedichtes halblaut vor sich hin.
„Ruhe bitte!“ rief da Anton.
Da kicherten die Kinder alle noch mehr.
Und Toni schnalzte mit den Fingern und sagte: „Fräulein Schnurr, bei diesem Lärm können wir nicht lernen. Wir müssen uns ein stilleres Plätzchen suchen.“ Dabei schaute er Anton an und zwinkerte mit einem Auge.
Anton zwinkerte zurück.
Fräulein Schnurr ärgerte sich über die Zwillinge. Doch noch ehe sie etwas sagen konnte, wunderte sie sich mächtig. Anton und Toni waren nämlich plötzlich verschwunden. Waren sie unter die Bank gekrochen?
„Kommt gefälligst wieder hoch!“ forderte Fräulein Schnurr. Aber nichts geschah.
An diesem Tag war es sehr warm. Deshalb stand das

Fenster weit offen. Und zufällig schaute ein Kind aus der Klasse hinaus und rief: „Aber Fräulein Schnurr, Anton und Toni sitzen da drüben auf dem Dach."
„Unsinn!" schimpfte Fräulein Schnurr. Sie schaute aber doch hinaus und kriegte einen Todesschreck.
Da saßen Anton und Toni auf einem Dach, so hoch wie ein Kirchturm. Und sie lasen eifrig in ihren Büchern. Schwalben flatterten um sie herum.

„Um Himmels willen, ruft die Feuerwehr“, flüsterte Fräulein Schnurr matt vor Sorge. „Bleibt bitte ganz ruhig dort sitzen!“ rief sie zu Anton und Toni hinüber. Das taten die beiden auch. Sie saßen still auf dem Dach und lernten.
Bald fuhr die Feuerwehr mit großem „Tatü“ in den Schulhof ein und unter das Haus mit dem Dach. Die Männer wollten die Leiter ausfahren, um Anton und Toni herunterzuholen – aber was soll ich dir sagen: die beiden saßen schon wieder auf ihren Plätzen im Klassenzimmer.

Und Anton fragte ganz lieb: „Oh, was will denn die Feuerwehr da unten im Schulhof?“
Und Toni erkundigte sich: „Ja, wo brennt es denn?“
Da wußte Fräulein Schnurr nicht mehr, ob sie wach war oder ob sie träumte. Sie fühlte sich überhaupt nicht wohl. Glücklicherweise klingelte es. Jubelnd stürmten die Kinder aus der Schule. „Ferien – Ferien!“
„Wie seid ihr da drüben auf das Dach gekommen?“ wollten die anderen Kinder von den Zwillingen wissen.
Aber die beiden schauten sie mit großen, unschuldigen Augen an und antworteten: „Auf welches Dach? Ihr spinnt wohl! Wir saßen die ganze Zeit auf unseren Plätzen!“
Und bald wußte niemand mehr, was er von der Geschichte eigentlich halten sollte. Es war ja auch wie die reinste Zauberei.

8 9131-8

Das ist mein

Nachtlied

für dich:

Sonne, Mond und Sterne,
alles hat dich gerne.
Strahlt mit seinem Nachtgesicht,
schenkt dir Gold- und Silberlicht.

Ast und Blatt am Baume
flüstern dir im Traume
leises Lied und stilles Wort.
Kommt der Morgen, sind sie fort.

Wolke, See und Wiese,
wie im Paradiese –
Tiefe Nacht und Dunkelheit.
Und der Tag ist nicht mehr weit.

CIP-Kurztitelaufnahme der Deutschen Bibliothek

Kruse, Max:
Du bist schon 7: d. bunte Geschenkbuch / Max Kruse.
Ill. von Erich Hölle. – München; Wien; Zürich:
F. Schneider, 1985.
ISBN 3-505-09131-6

NE: Hölle, Erich:

Schneider-Buch

8000 München 46 · Frankfurter Ring 150
Titelbild: Ingeborg Haun, Reiner Wendlinger
Illustration: Ingeborg Haun
Lektorat: Monika Raeithel-Thaler
ISBN: 3 505 09131-6
Bestell-Nr.: 9131

90 89 88 / 19 18 17 16 15 14 13 12 11 10 9 8 7 6

Für Glückskinder:
von Max Kruse die kunterbunten Geschenkbücher

Mit vielen Geschichten, Rätseln, Spielen, Zaubertricks, Basteleien – und einer Wundertüte!

Du bist schon 5

Dein Glückstier, das kleine Kätzchen, schnurrt schon leise. Es wartet auf dich.

Du bist schon 6

Dein Glückstier, der kleine freche Hund, will dir lustige Geschichten erzählen.

Du bist schon 7

Dein Glückstier, der kleine graue Esel, kann richtig lachen. Er möchte dich überallhin begleiten.

Du bist schon 8

Dein Glückstier, das kleine Kuschelpony, weiß viele tolle Sachen, die dir Spaß machen werden.

Flori geht zur Schule
MAX KRUSE
Schneider-Buch
Schreibschrift für Jüngste Leser

MAX KRUSE

Das bunte Abc

Der Affe frißt den Apfel gern, die Ananas hat keinen Kern ...

Von A wie Affe bis Z wie Zottelbär findest du alle Buchstaben des Alphabets in lustigen Versen wieder. Jede Seite ist eine bunte Überraschung!

Das Besondere dieses Buches:
In Versen und Bildern lernen die Kinder spielerisch das Abc. Eine Schreib- und Leseübung in Großdruck und Schreibschrift, die Spaß macht.

Du bist jetzt schon 7 Jahre alt,
und du bist ein Glückskind.
Denn ich, dein Glückstierchen,
habe mir zum Abschied eine
Überraschung für dich ausgedacht.
Ich schenke dir:

eine Wundertüte.

Zum Freuen, Spielen, Ansehen,
und Behalten.
Und natürlich zum Wundern.
Darum habe ich sie auch fest
verschlossen. Wenn du wissen
willst, was ich darin versteckt habe,
dann schneidest du die Tüte an der
gestrichelten Linie einfach auf.

Du bist ein Glückskind.
Stimmt 's?